El Sitio del Cúcuta

por
©
Zamor

Episodio histórico de
"La Guerra de los mil días
en Colombia"
(1899 - 1902)

Primera edición sobre papel en los Cuadernos de Cultura del
Instituto de Cultura y Bellas Artes del Norte de Santander
N°1 – 1974, Vol.III

Segunda Edición © ZAMOR 2015
Copyright France, Référence du dépôt: 8Y9U1D1
ISBN N° : 978-1-326-56547-3

A Cúcuta

Erratum

Doy fe que esta edición presenta todavía errores léxico-gráficos, gramaticales y/o de edición. Pido su indulgencia pues mi intención es, sobretodo, la de llegar a plasmar claramente mis ideas con el fin de poder compartirlas.

El Sitio del Cúcuta

Indice general

I.- PRÓLOGO

El sitio de Cúcuta, en sí, llegaría a conformar solamente un accidente histórico, carente de sentido, fuera del conjunto de hechos que azotaban la nación por esa época. Como parte inseparable de ella, presenta una faceta de lo que ha significado, en la historia colombiana, la lucha de los partidos. Esta lucha es, a su vez, la continuación de la Patria Boba, instituida en los albores de nuestra emancipación española.

Durante casi un siglo se trataron de asimilar las diferentes tendencias políticas, adoptadas por otros países, sin resultados positivos. La tensión producida por la oposición de esas ideologías exógenas, condujo a un sin fin de guerras civiles que destruyeron nuestra incipiente nación.

La más cruenta de ellas fue la llamada Guerra de los mil días, que duró desde 1899 hasta 1902, y dentro de la cual acaeció el Sitio de la ciudad de Cúcuta.

Calle 12 con carrera 8ª
Puerta Arturo

Los hechos que se sucedieron durante este sitio demuestran cómo la rivalidad de las ideologías in-
maduras, con ausencia de fondo histórico o social,
pueden destruir una ciudad, así como una nación,
buscando el poder.

II.- SITUACIÓN HISTÓRICA

A.— La guerra de los mil días

El origen más cercano de esta guerra se encuentra en la famosa Constitución de 1886. Esta había sido expedida para introducir reformas fundamentales a la Constitución del 63 expedida por liberales, exclusivamente, reunidos en Rionegro.

Los liberales, se encontraban divididos en dos bandos: los radicales y los independientes. Al subir Rafael Núñez al gobierno, por segunda vez, como representante del liberalismo independiente, y tratar de modificar la Constitución del 86, hubo de declararse como partido aparte, formando el Nacionalista (en un principio Nacional)

Sus componentes eran los liberales independientes y los conservadores no extremistas. Quedaron así los radicales como los representantes exclusivos del liberalismo.

Trinchera,
Carrera 5ª con calle 8ª

Los conservadores tradicionalistas, en cambio, no aprobaron el nuevo partido Nacional, como el exponente de su ideología, declarándose como los "Históricos". El movimiento promovido por Núñez se llamó de "La Regeneración"[1].

ste se consolidó rechazando plenamente a los liberales, excluyéndolos del Congreso y del gobierno, limitándoles la libertad individual y reprimiendo la prensa. Solo tuvieron una pequeña representación en la cámara legislativa.

1.- *Solano Benítez, Guillermo.—**EL bayardo colombiano.**—Talleres de la escuela media de artes y oficios de Puente Nacional (S). I953.—página 40*

16

El liberalismo empezó a compactarse y fue apoyado por los conservadores históricos, quienes no consideraban a los nacionalistas como seguidores de las ideas de José Eusebio Caro ni de José Hilario López, y pidieron una reforma constitucional de tipo legal y administrativo con el fin de implantar una realidad democrática de la Constitución de 1886)[2].

En 1898 se nombró a Manuel Antonio Sanclemente como presidente de la República de Colombia, y a don José Manuel Marroquín como vicepresidente. El primero era Nacionalista e iba en contra de la reforma y, el segundo, Liberal, en pro.

Debido a la edad del Dr. Sanclemente (85 años) debió retirarse de Bogotá pues su altura lo afectaba, e ir a Anapoima.

Quedó como presidente Marroquín quien gobernó del 7 de agosto de 1898 al 3 de noviembre del mismo. Se rodeó de conservadores históricos y dirigió un mensaje a la cámara pidiendo reforma de la Constitución del 86, lo cual fue acogido por los históricos y los liberales.

Los nacionalistas vieron amenazada su hegemonía y presionaron al Dr. Sanclemente para que asumiese el poder de nuevo, lo cual hizo el tres de noviembre de 1898.[3]

2.-*Martínez Delgado, Luis.—Republica de colombia 1885-1910.* Tomo1, Vol. X, Historia Extensa de Colombia, Editorial Lerner, Bogotá, 1970, página 109-110.
3.- Ibid.- página 111

Trinchera,
Calle 9ª frente al parque Abrego

Ante la oposición de hecho se decidió el levantamiento de los liberales apoyados por los históricos.

Dentro de los dirigentes liberales se encontraban el General Vargas Santos (Nuevo director del partido liberal), Benjamín Herrera, Justo L. Durán, Foción Soto, Paulo Emilio Bustamante, Cenón Figueredo.

Dentro de los nacionalistas estaban Manuel Casabianca, Nicolás Perdomo, Ramón González Valencia, Pedro Nel Ospina, Carlos Albán, Víctor M Salazar, Alfredo Vásquez Cobo[4].

El 18 de octubre de 1899 empezó la revolución en el Socorro (Santander), dirigido por el general Francisco Gómez Pinzón, cumpliendo lo dispuesto por

4.-*Martínez Delgado, Luis.—**Republica de colombia 1885-1910**.*
página 131

18

Paulo Emilio Villar. En el Cauca la dirigió Arístides Conde y en Barranquilla Julio E. Vengoechea. En el ataque de El Socorro fueron vencidos después de invadir a Bucaramanga.

Para poder apoyar las fuerzas de Benjamín herrera en Cúcuta pensaron dominar Ocaña pero se frustró el intento pues los revolucionarios perdieron el dominio en el río Magdalena.[5]

Más importantes que los hechos escuetos, existieron una gran cantidad de sentimientos humanos, de raciocinios filosóficos, que fueron los que motivaron estos trastornos históricos. Podremos tomar palabras propias pronunciadas por representantes de cada bando, teniendo en cuenta su parcialidad y subjetivismo, para comprender más este hecho:

El general Justo L. Durán, liberal, defendió su posición con las siguientes palabras:

—*"La doctrina liberal, que es lazo de unión en las palabras de Jesús, conquista preciosa en el campo de la idea, numen divino en las vicisitudes de la existencia, imperó siempre en mi alma, pues comprendo que sólo a su amparo pueden obtenerse las bondades y reformas que la ciencia proclama, que la civilización porta en su alforja, que la democracia entraña"[6] ¿Quién ha dicho a los hombres:*

5.-.-Martínez Delgado, Luis.—**Republica de colombia 1885-1910.** página 132
6.- Durán, Justo L.— **La revolución del 99.**— Cúcuta, Talleres Imprenta "El día", 1920.— página III.

—"Todos sois hermanos, todos sois hijos de un mismo Dios y tenéis iguales derechos al banquete de la vida?" : el verbo liberal.

Calle 13, Eléctrica del Norte.
Hoy Casa de la Cultura

— "Todos los liberales estábamos descontentos con el régimen imperante, porque veíamos acogotados los fueros personales, humillada la libertad de prensa, restringida la del comercio, concentrados en uno solo los poderes de la Nación, limitado el derecho de sufragio, puesto en sitio infeliz la alternabilidad de los destinos que demandan nuestros cánones republicanos, negada la libertad de cultos, sometida la instrucción a métodos inadecuados a las luces del progreso"[7].

7.- Durán, Justo L.— **La revolución del 99**— página IV

El Sitio de Cúcuta

—*"Era necesario, pues, que el patriotismo, en un supremo espasmo de dolor, contrajese sus múscu-los para después por medio de vigorosa distensión, romper las ligaduras que tenían puestas* [8].

En Venezuela, el "Estigma liberal" [9] se pronunció en favor de los revolucionarios colombianos diciendo:

—*"Se hace, pues, imprescindible, oponer la resistencia á estas perennes invasiones del persona-lismo, la insensatez y la falsía. Dejar hablar y obrar, sola omnipotente a una facción, es cederle por mie-do o ineptitud el imperio de las conciencias inocen-tes. Para las plumas que falsean la verdad, en obse-quio del hombre, deben haber otras que levanten la idea en interés de una causa"* [10].

— *"Son bien conocidas las circunstancias en que estalló la revolución liberal y el auge inmenso que le dieron los generales Vargas Santos y Foción Soto, al lanzarse en ella, con admiración de Colombia entera, para cubrirla con sus nombres venerables"* [11].

Como opinión personal sobre esta guerra, Henrique Arboleda Cortés siguiendo una línea nacionalista, afirmó:

—*"Los grandes sacrificios que se hicieron para debelar una Revolución armipotente, auxiliada por todos los enemigos de la República, internos y*

8.- Durán, Justo L.— **La revolución del 99**— página VI
9.-García Hermes.— **Estigma liberal**, Maracaibo,(Venezuela). Imp. Americana, 1902, 31 páginas.
10.- Ibid,- página 3
11.- Ibid - página 4

externos, no deben quedar en el profundo silencio del olvido". "La historia nos dirá después por qué para tanto sacrificio vino a ser estéril la victoria; por qué allí mismo no terminó sus días nefandos la Revolución desatentada y loca, deshecha y confundida, sin dejar más huellas que las del lobo en la montaña" [12].

Un historiador de esta época, Guillermo Solano Benítez, se manifiesta como defensor del partido nacionalista con las siguientes palabras:

—*"Cabe aquí argumentar con buena y fácil lógica, que si el nacionalismo se le negó el ser catalogado como una ideología conservadora, y sobre ello se quiso sentar doctrina y se hizo polémica por cuanto a él pertenecieron muchos de los prominentes liberales independientes, no puede tenerse ni menos aún permitirse como conservatismo de mejor casta el conservatismo histórico que, en la forma expuesta, en transacciones y compactos, buscó el derrumbamiento y ruina del gobierno legítimo, no omitiendo medio, por deshonesto y suicida que fuese, como el de facilitar y permitir el triunfo liberal. Y el argumento adquiere mayor valor y consistencia, si se considera que fue justamente el Nacionalismo la encarnación y continuidad de las doctrinas de la degeneración, con las que el conservatismo devino al poder y adquirió casta de naturaleza como partido ideológico"* [13].

12.-*Arboleda Cortés, Henrique.*— **Batalla de palonegro.**— *Bogotá. Imprenta de Luis M Holguin, Mayo 25 de 1901 (10 aniversario de la Batalla) página XXVII- XXIX.*—
13.-*Solano Benítez, Guillermo,* **EL bayardo colombiano.** *página 43*

Calle 13, con Carrera 4ª
Hoy Casa de la Cultura

B.—La batalla de peralonso

La primera Batalla que precedió el sitio de Cúcuta fue la efectuada en el río Peralonso, llamada también la batalla de "La Amarilla" o de "La Laja".

La batalla se sucedió entre el 13 y 18 de diciembre de 1899. Los liberales tenían 3.600 soldados dirigidos por Benjamín Herrera, Justo L. Durán, Soler Martínez, y Rafael Uribe Uribe.

Los gobiernistas conservadores estaban dirigidos por los generales Vicente Villamizar, Ramón González Valencia, Jorge Holguín, Enrique Arboleda,

Próspero Pinzón, Arias Luján y Carlos Cuervo Márquez.

Se enfrentaron en las inmediaciones del río Zulia, y obtuvieron los nacionalistas una victoria indecisa. Al acabárseles las municiones a los liberales, el general Uribe se lanzó con 10 voluntarios al puente, desconcertando al enemigo, quienes cedieron la victoria.[14]

Guillermo Solano Benítez, (en el Bayardo)[15], acusa directamente a Vicente Villamizar quien abandonó al General González Valencia, dejándolo solo con su división, siendo el primer responsable del desastre sufrido por las fuerzas gobiernistas.

El gobierno sufrió las siguientes pérdidas: 700 muertos, 900 prisioneros y 2.000 dispersos. La revolución sufrió 1500 bajas por muerte y muchos dispersos (según Solano Benítez)[16].

El acto realizado por los liberales, se basaba en creer que un acto de audacia bien ejecutado podía desconcertar al enemigo y ponerlo en fuga, lo cual resultó como había sido planeado.

Después de esta batalla salieron los revolucionarios hacia Pamplona a donde también se había ido a reunir con los dispersos el Jefe Villamizar.

14.- *Martínez Delgado, Luis.—**Republica de colombia 1885-1910.***
— página 133
15.-*Solano Benítez, Guillermo,* **El bayardo colombiano.**
— página 66
16.- *Ibid.— página 66*

El Sitio de Cúcuta

Según Teodosio Sánchez, un contemporáneo de la guerra:

— *"La derrota había ahondado las diferencias que existían entre los jefes del Gobierno; y si hubiesen sido mejor informadas las fuerzas de nuestro experto Jefe Vargas Santos y, hubieran salido al encuentro de los restos de los dictatoriales, allí hubiera claudicado íntegro ese ejército orgulloso que, sin contar con que Victoria le niega sus favores a quien se aleja de la Justicia, traía la certidumbre de vencer a los luchadores valerosos, a esos que reclaman los derechos del pueblo y quienes procuran la rehabilitación de Colombia, manchada en todas las impudicias de un Gobierno pletórico de vicios, de malas intenciones y cuyos actos los reprueban la moral, la ciencia y el derecho universal"*[17].

17.- *Sánchez, Teodosio.*— **Guerra de colombia 1899 — 1900.**—página 59

25

Carrera 5ª entre calles 10 y 11
Iglesia de San José

C.— La batalla de palonegro

Desde el 17 de diciembre de 1899, día en que terminó la Batalla del Peralonso, hasta el 10 de mayo de 1900, se dedicaron ambos ejércitos a realizar los preparativos de un nuevo encuentro.

La batalla se realizó en las colinas cercanas a la ciudad de Bucaramanga. Estas fueron escogidas por los revolucionarios, quienes consideraban que eran buenas estratégicamente para resistir, a pesar del inconveniente de no poseer vías de comunicación.[18]

Los efectivos liberales eran 7.000 hombres contra 18.000 conservadores. El General Vargas Santos fue enviando tropas día por día. Los conservadores, enfrentados con todo el ejército, iban exterminando paulatinamente los batallones contrarios.

Los revolucionarios decidieron abandonar el campo de batalla sigilosamente y, por la trocha de los Ángeles, marcharon hacia Ocaña. Antes de decidir esta vía, el General Herrera había propuesto la vía a Cúcuta. El general Uribe Uribe y Vargas Santos a Ocaña, donde se decidieron ir. [19]

Según el concepto del General Vargas Santos sobre la guerra, el 26 de mayo el ejército efectuó su retirada, en orden,

---

18- *Martínez Delgado, Luis.—Republica de colombia 1885-1910.
— página 135*
19.-*Ibid, página 136*

— *"... y sin persecución de parte del enemigo, las pérdidas del cual han sido enormes; calculamos que el doble de las nuestras, de suerte que en definitiva, el resultado de éste combate ha sido desastroso para ellos"*[20].

De Palonegro se decidieron ir a Ocaña. Se hizo el camino más largo produciendo más victimas que en Palonegro[21]

El objetivo de ir a Ocaña era el de:

"Establecer contacto con Riohacha donde operaba Justo L. Durán... y porque para la fecha debía de haber llegado el General Siervo Sarmiento con los elementos adquiridos en el exterior; y de consiguiente se adoptó, además, para la retirada, la trocha de "Los Ángeles". El consejo de guerra fue el 26 de mayo (donde se decidió la vía). Mientras, el 9 de mayo Sarmiento había llegado a Riohacha, asumió el mando el 10, falleció el 20 de mayo, habiendo traído un material de guerra muy exiguo[22] ".

Según la gaceta "El Estigma liberal",

"El general Uribe Uribe influyó poderosamente contra la revolución, con esa "insaciable sed de gloria" que le precipita con violencia sobre los obstáculos de orden material y moral; con esa "nostalgia

---

20.-Durán, Justo L.— *La revolución del 99* .— *página 121*
21.- Ibid.— *página 122*
22.-Martínez Landínez. Jorge— **Historia militar de Colombia.**— Bogotá., Editonal Iqueima, Tomo 1. 1956, página 38

de poder público" que enardece su temperamento sultánico²³ ".

Henrique Arboleda quien participó en Palonegro como jefe de operaciones, escribió:

"Palonegro, en la filosofía moral y militar de la historia, no es el hecho vulgar, brutal y salvaje de una gran batalla; no es el festín de carne y sangre humana; pensad en la derrota y hallaréis a Palonegro en el momento de la historia como decisiva en la salvación de la República; pensad en el respeto y la defensa de la autoridad contra los propios, contra todos aquellos que, como dijo su santidad León XIII: "Al reprender el mal, movidos de rectitud, empujados por el viento de la soberbia, se despeñan en más profundos males", y la hallaréis profundamente moral; pensad que se dio con la prudencia del que supo medir y conocer el peligro, luchando contra filibusteros y contra el público favor de tres naciones extranjeras, y la hallaréis de efectos continentales²⁴ ".

23.-*García Hermes.—* **Estigma liberal,—** *página 7*
24.- *Arboleda Cortés, Henrique.—* **Batalla de palonegro..**
— página 8

III.- EL SITIO DE CÚCUTA

A.— Causas del sitio

Una vez terminada la batalla de Palonegro y derrotados los revolucionarios, el general Próspero Pinzón reunió en Bucaramanga su Estado Mayor para elegir el General más destacado y encargarle el mando de las tropas que deberían ir a Cúcuta, a debelar las fuerzas revolucionarias que ocupaban dicha plaza, desde que el grueso de la revolución había pasado a Palonegro. Se nombró al general Ramón González Valencia para esta misión.

Mientras, en Cúcuta se encontraba el general Benjamín Ruiz al mando. Este había llegado allí debido a que, cuando el general Herrera y el General Uribe marcharon con sus ejércitos revolucionarios desde Cúcuta hacia Palonegro, quedó encargado de la defensa de aquella plaza el General Rafael Camacho L. con 600 hombres mal equipados.

Debido a una grave enfermedad de éste, fue reemplazado por el General Ruiz. Este era de raza negra, natural de Panamá, médico graduado en París, compañero del General Cipriano Castro en sus campañas para llegar a la presidencia de Venezuela, y quien luego de llegar al poder lo nombró presidente del Estado del Zulia. El General Ruiz fue el encargado de traer a la revolución Colombiana pertrechos y soldados de parte del General Castro[25].

El general Ruiz al mando de la ciudad, debió enfrentarse ante los gobiernistas quienes pretendían reivindicarla bajo su mando.

25.-*Solano Benítez, Guillermo.—**El bayardo colombiano**—* página 96-97

B.— Efectivos gobiernistas

Los efectivos que defendían el gobierno y que van al sitio de Cúcuta, fueron los sobrevivientes de Palonegro, excepto las guarniciones de Bucaramanga y Pamplona, y la división que se dejó a órdenes del general Próspero Márquez para ir a Táchira e impedir al ejército del general Uribe, que andaba en Abrego, se dirigiese a Cúcuta y prestase ayuda a la revolución.

Las divisiones completas que actuaron directamente fueron: la 3ª al mando del general Aurelio Parra, con sus batallones Cúcuta, Chinácota, Páez,

Pamplona, Pamplonita, Gramalote, Patriota, Canal, Arboledas N°1, Arboledas N°2, Girardot, Silos, Rifles, Toledo y Sucre. También concurrió la 10ª división al mando del general Manuel Medina[26].

El batallón Cúcuta, al mando de los generales Luís y José María Morales Berti, ocupó la casa de Tulia Echeverría en el sitio denominado "El Cocal" o sea al norte de la ciudad, avenida 5ª con la calle 7ª.

A este batallón perteneció el mayor Lucio Andrade Berti, quien se fugó de las trincheras para ingresar a las fuerzas gobiernistas. El batallón Casabianca se atrincheró en el Hospital San Juan de Dios, entre las avenidas 1ª y calles 12 y 13. El batallón Gramalote se situó en la casa del crucero de la avenida 4ª con calle 13.

26.-*Solano Benítez, Guillermo.—**El bayardo colombiano** .
— pág. 97-98

Calle 13 entre 3ª y 4ª
Casa de la Cultura

C.— Efectivos revolucionarios

El general Ruiz pasó la frontera portando 500 rifles mannlincher de 10 tiros cada uno, y otros armamentos traídos de Venezuela. Entre los oficiales que traía estaban Rafael Oquendo, los capitanes Ibarra, Blasco, Valbuena, Bessony Marchens.

Por tanto las fuerzas que resistieron el Sitio de Cúcuta llegaron a 1200 hombres, contando los 600 que dejó en armas el general Vargas Santos, jefe supremo revolucionario, los 500 venidos de Venezuela con el General Ruiz, y 100 civiles que se reclutaron para entrenarlos mientras empezaba el sitio.[27]

El general Ruiz dividió su gente en dos Brigadas, y encargó del mando de la Primera al coronel Juan Francisco Garay, y de la Segunda al coronel Manuel Valero. Nombró jefe de Estado Mayor al coronel Aníbal Meléndez, y los aseguraban los coroneles Enrique Valencia, Eleazar Guerrero, Pedro Duarte, Arturo Ramírez Materos y Pedro Rarigel. Otros oficiales revolucionarios de diferente graduación fueron: Emilio Quintero, Abelardo Madariaga, Renato Rangel, Salvador López, Víctor M. Llanos, Ramón Arenas, José Moyano, Fructuoso Soto, Daniel Hernández Villamizar, Luis Garbiras, Rodolfo Garbiras, Luis Arámbula y uno de los hermanos Ararat.[28]

27.-*Solano Benítez, Guillermo.—**El bayardo colombiano** —* *pág. 98*
28.- *Ibid. — pág. 97*

Calle 13 entre 6ª y 7ª
Trincheras de durmientes del Ferrocarril de Cúcuta

D.— Hechos

Una vez el general Benjamín Ruiz se encontró guarnecido en la ciudad de Cúcuta se dispuso a buscar el modo de lograr una larga resistencia contra los conservadores. Para ello la idea fue de construir trincheras en las bocacalles y así resistir el enemigo. Es esta táctica la que procuró el llamado Sitio de Cúcuta. Se vio un pueblo luchando contra dos fuerzas: la de los revolucionarios que los encerraban y la de los gobiernistas que los asediaban junto con los rebeldes.

1.— Las trincheras

Estas fueron construidas a cada dos cuadras de las cuatro esquinas del parque Santander y en las bocacalles intermedias. El arquitecto que diseñó estas fuertes defensas fue el Doctor José Jacinto Manrique.

a.- Construcción

Calle 10 hacia el oeste
Al fondo la Iglesia de San José, hoy Catedral

Según la descripción de Guillermo Solano Benítez las trincheras "ocupaban el ancho de una calle, o sean 16 metros, e iban de una esquina a la vecina; tenían forma de arco elíptico, a fin de asegurar puntería por el frente y a izquierda y derecha; consistían en durmientes o traviesas de los usados en la construcción de vías férreas, de más de dos metros de largo, tendidos horizontalmente sobre el suelo, espaciados

ochenta centímetros; sobre ellas se tendió un emparrillado de alambre de púas, de hebras tupidas, de
modo que era imposible que el enemigo pisase sobre
ellos, porque enredaban y despedazaban los pies de
quien se aventurase a pasarlas.

Hacia el fondo de este emparrillado en su parte de adentro se elevaron verticalmente en el suelo
durmientes consecutivos, que también se cubrían de
alambre; y en varias trincheras, las más importantes,
se pusieron refuerzos rieles de ferrocarril, y sobre
ellos se elevaron nuevas traviesas, quedando el atrin-
cheramiento con dos plantas, lo que permitía doble línea de tiradores. La primera línea era la del duelo en
la cual se ocultaban los soldados hundiéndose en fosas cavadas al pie de durmientes[29] "(Véase fotografías)

b.- Localización

Las 17 trincheras construidas por los revolucionarios se encontraban localizadas del siguiente modo:

N° 1. — Entre las dos esquinas de la calle 12
con avenida 3ª al frente del parque Colón (llamada
plazuela del Carmen).

N 2. — Entre las dos esquinas de la calle 11
con avenida 0ª noroeste (Tienda" La Chiva").

N° 3. — Entre las dos esquinas de la calle 10
con avenida 3ª al noroeste Tienda "La Roca". Era la
calle por donde entraba el tren

29.- *Solano Benítez, Guillermo.—**El bayardo colombiano** —*
pág. 98-99

N° 4. — Entre las dos esquinas de la avenida 5ª sobre la calle 8ª (Esquina de la familia Viccini Armas) (Boca calle sur).

N° 5, — Entre las dos esquinas de la avenida 6ª sobre la calle 8ª. (Esquina de la familia Ramírez Berti) (Boca calle sur) (Avenida de paso del tren).

N° 6— Entre las dos esquinas de la avenida 6ª sobre la calle 8ª (Esquina de la antigua oficina del Ferrocarril de Cúcuta

N° 7. — Entre las dos esquinas Este de la calle 8ª sobre la avenida 8ª. (Esquina noroeste del parque Mercedes Abrego, (casa de don Arístides García Herreros).

N° 8. — Entre las dos esquinas este de la calle 9ª sobre la avenida 8ª (Esquina sureste del Parque Mercedes Abrego), (casa de las señoritas Eva y Ascensión Briceño).

N° 9. — Entre las dos esquinas Este de la calle 10ª sobre la avenida 8ª (Antiguo centro de diversión llamado "La India").

N° 10. — Entre las dos quinas Este de la calle 11 sobre la avenida 8ª llamada "Puerto Arturo", (Frente a la casa de la señora Rosa Espitia).

N° 11. — Entre las dos esquinas Este de la 12 sobre la avenida 8ª• (Esquina de la casa de don Salomón Ramírez).

N° 12. — Entre las dos esquinas Norte de la avenida 7ª sobre la calle 13. (Esquina de la casa de Jesús Gutiérrez).

N° 13. — Entre las dos esquinas Sur de la avenida 6ª sobre la calle 13 y 14 (Esquina de la antigua cervecería de Santander).

N° 14. — Entre las esquinas Sur de la avenida 5ª sobre la calle 13 (¿Casa del Presbítero Marcos Hernández?).

N° 15. — Entre las esquinas Sur de la avenida 4ª sobre la calle 13.

Existieron otras dos trincheras que se construyeron durante el transcurso del Sitio, después de haber perdido posiciones los revolucionarios, del 13 al 14 de julio:

Trinchera N° 16. — Entre las esquinas Sur de la avenida 4ª sobre la calle 12 (Casa quinta de Florentino González).

Trinchera N° 17. — Entre las esquinas Sur de la avenida 5ª sobre la calle 11 frente al parque Santander (hoy Banco de la República)[30].

En el mapa de la época podemos apreciar que el costado noroeste de la ciudad no fue guarnecido de trincheras ni tropas. Este terreno correspondía a los "Potreros de la Garita" y quedó descubierto previ-

---

30.- *Solano Benítez, Guillermo.—**El bayardo colombiano** — pág. 99-100*

niendo una evacuación urgente y defendido por los francotiradores de la Iglesia de San José.

Carrera 7ª con Calle 8ª
Antiguo Club del Comercio

2.— Acción del sitio

Los detalles importantes sobre la acción del sitio los hemos extraído de la relación hecha por Guillermo Solano Benítez.

Desafortunadamente el autor no remite a las fuentes de su documentación para verificar los datos, pero hemos hallado concordancia con los suministrados por Pedro María Fuentes en sus " Efemérides cuteñas".

a.—Iniciación

"El día 11 de junio de 1900 quedaron terminadas las trincheras y por tanto encerrado el centro de

© *Zamor*

la ciudad. Pero antes del cierre se hizo salir de ella el mayor número de familias que, en nutridas caravanas, tomaban el camino de la frontera con Venezuela, especialmente las de filiación liberal, pues a las conservadoras se les negaba el requerido" salvoconducto" para abandonar la ciudad".[31]

El 12 de junio las fuerzas gobiernistas se presentaron por el sur de Cúcuta, en número de unos 6.000 soldados, acampando en las veredas de "El Pórtico" y "La Vega". La entrada se hizo por las vías de "El Resumen" y de "Los Vados", las cuales concurren el Puente de San Rafael.

Las manzanas situadas al sur de la ciudad y fuera de las trincheras fueron ocupadas rápidamente y sin esfuerzos por el gobierno, hasta aproximarse a las trincheras y ocupar las casas vecinas frente a ellas, aspillerando las paredes para asegurar la puntería.

El cerco se produjo distribuyendo los batallones en contorno de la ciudad rodeada de trincheras. De este modo la revolución tuvo que atender a muchos frentes, pues las trincheras, eran muchas, y extenso el perímetro de la línea defendida. El gobierno escogió como sitio estratégico para la artillería una eminencia al sur de la ciudad conocida con el nombre de "Piedra del Galembo". Desde allí operaba el general Juan Francisco Urdaneta, con sus cañones y su batallón. Los objetivos principales eran la torre de

---

31.-*Solano Benítez, Guillermo.* —***El bayardo colombiano*** — *pág. 101-102*

44

San José, vuelta un cendal por las granadas, y el fortín de la avenida 6ª arriba de la calle 13.[32]

El Coronel Juan Francisco Garay, jefe de la 1ª Brigada, acompañado del Comandante Segundo Ruiz y sus oficiales, hizo una salida del fortín mencionado en el párrafo anterior, para tomarse por asalto la Artillería, pero fue inútil su intento y varias las pérdidas que sufrió. Salidas semejantes se hicieron de otras trincheras pero ante los rechazos experimentados y lo infructuoso de los intentos, la Revolución optó por reducir su resistencia dentro de las trincheras, Circunscrita la lucha a las casas y paredes que exteriormente rodeaban las trincheras, se combatió durante tres semanas, teniendo de por medio solamente el ancho de las calles.

Así se explica el estado de destrucción en que quedaron las casas y edificios que muestran las fotografías que publicamos.

Durante todo el asedio se practico el bombardeo desde" La Piedra del Galembo", sobre la torre de la Iglesia de San José, puertas de su campanario. La solidez de esta torre quedó demostrada en el sitio, pues no obstante el sinnúmero de impactos, no fue derrumbado.

Al bombardeo de la torre respondieron seis oficiales mandados por el Mayor Abelardo Madariaga, quienes cumplieron su doble misión de atalayas y de tiradores, pues mediante el teléfono instalado inte-

---

32.-Solano *Benítez, Guillermo.—**El bayardo colombiano,** página 103*

riormente mantenían al estado Mayor al corriente de los movimientos del enemigo, y se contestaban con disparos de manlincher a las granadas de la artillería gobiernista.

Esos oficiales eran: Roberto Marín, Fructuoso Soto, Francisco Márquez, un joven Ruiz de Santiago y dos más de Ocaña, de apellidos Niño y del Real. Algunas mujeres del pueblo subían a la torre para llevarles café y municiones, destacándose entre ellas una muy varonil llamada Carmen Jaimes.

b.— Damas apresadas como rehenes por la revolución

Temerosa la revolución de que la ciudad fuese tomada y destruida a sangre y fuego, el general Ruiz dio la orden de que las señoras conservadoras que residieran fuera de las trincheras, o dentro de ellas, fueran recluidas en casas honorables en calidad de rehenes.

Parte de las familias que fueron aprehendidas se habían concentrado en las casas de doña Juana Mora de Riedel (madre de Mariana Riedel de Hernández) y de doña Victoria de Berti. Estas casas situadas en la avenida 6ª con calles 7ª y 8ª, se comunicaban interiormente por sus solares. La familia Jordán, que también fue detenida, habitaba fuera de las trincheras en la avenida 4ª con calles 14 y 15.

Las prisioneras fueron conducidas a las casas de reclusión sin permitírseles llevar nada consigo, pues el sargento y su escolta, encargados de ejecutar la detención, manifestaron tener orden de conducir solamente sus personas.

Pero al día siguiente el señor José Ignacio Vargas Vila y el coronel Manuel Valero les permitieron hacer traer de sus casas las prendas y enseres de uso personal, lo mismo que artículos alimenticios. La provisión de vinos, rancho, uvas, dulces, etc. se hizo del Almacén del general conservador don José Agustín Berti.

Las familias prisioneras como consecuencia de la prolongación del Sitio, donde pasaron a experimentar los sufrimientos del asedio, del encierro, de la alimentación escasa e inadecuada, y lo que fue más grave, la acción de las enfermedades. En ellas como en todos los sitiados, hacían estragos el tifo, la disentería y la viruela.

Don. Luis Febres Cordero y Don. Julio Ferrero agonizaban y recibían los últimos auxilios cristianos. Aterradas y desesperadas con tal situación, se dirigieron por escrito al general González Valencia, pidiéndole interceptara el agua de la toma que proveía a Cúcuta para que la falta de este elemento vital obligase a la revolución a desocupar la ciudad. Pero el general González Valencia no quiso tomar aquella medida, precisamente por consideración con las señoras prisioneras.[33]

33.- *Solano Benítez, Guillermo.—**El bayardo colombiano**— pág.105*

47

c.— Prolongación del sitio

"Corría la quinta semana del sitio y la rendición de la ciudad no se obtenía, firme como estaba el general Ruiz en resistir hasta el fin sin omitir sacrificio.

Ante tal porfía el 13 de julio de 1900 se inició el asalto a las trincheras: el batallón Casabianca irrumpió del Hospital de Caridad, atravesó el parque Colón y en forma incontenible se lanzó sobre la trinchera de la avenida 3ª con calle 12, llegando su arrojo temerario a disparar por encima de las alambradas, mientras otros cortaban a machete las hebras de alambre.

La mortandad fue terrible de parte y parte, pero el abordaje de la trinchera no se obtuvo porque la casi totalidad del batallón fue barrido por los defensor atrincherados. La calle quedó cubierta de combatientes, lo mismo que el interior de la trinchera cuyas zanjas sirvieron de sepultura a los propios defensores.

La trinchera asaltada estuvo al mando del general Rafael Oquendo. A su lado se batió bravamente su ayudante Abelardo Madariaga, y fueron los actos destacados de valor de este oficial en la lucha cuerpo a cuerpo con los asaltantes, los que le conquistaron su ascenso a mayor el mismo día 13.

Durante la noche de este día el batallón Gramalote, valiéndose de grandes bolas de trapo y de bagazo de cañas empapadas en petróleo, consiguió incendiar la trinchera de los Balkanes en la avenida 4ª con calle 13. Este incendio llenó de furia a los revolucionarios y aun, cuando en la madrugada del día 4 intentó reconstruirla con ladrillo el coronel Manuel Valero, fue tomada en el curso de este día lo mismo que la de la avenida 3ª.

Fue así como la revolución desplazada de sus dos primeras trincheras, se refugió en la trinchera construida en la esquina de Don Florentino González, avenida 4ª con calle 12.

Correspondió al batallón Tenerife la toma de esta 3ª trinchera, repitiendo el asalto temerario de los batallones Casabianca y Gramalote. Esta trinchera fue tomada a sangre y fuego y con mortandades recíprocas, más fuertes para los sitiadores, por carecer cada día de elementos de defensa.

Los asaltos continuaron sobre las trincheras de las avenidas 5ª 6ª y 7ª hasta estrechar la revolución a la trinchera del parque Santander y a las del norte de la calle 8ª " [34].

d.—Abandono del sitio

En la noche del 15 de julio la revolución ante el estrechamiento a que había sido reducida y siendo imposible resistir por un día más, pues las municiones estaban agotadas, y las tropas defensoras se habían reducido a una tercera parte, no sólo por el fuego

---

34.-Solano Benítez, Guillermo. —*El bayardo colombiano* — pág.105-016

enemigo sino por las enfermedades suscitadas en toda la ciudad sitiada, el jefe de la plaza, general Benjamín Ruiz, ordenó la evacuación hacia la media noche.

El Estado Mayor encabezó la desocupación, y se ordenó al coronel Valero dirigir la retaguardia. Los primeros cuerpos lograron salir ocultamente y en orden por los potreros de La Garita, pero los de Retaguardia fueron descubiertos y perseguidos por el batallón Cúcuta, situado en "El Cocal ", muy cerca de La Garita.

Comandaban este batallón los hermanos Luis y José María Morales Berti. La persecución fue inclemente y mortal para la retaguardia. Su jefe el coronel Valero, ascendido después de muerto a general, perdió la vida a manos de los perseguidores. El mayor Ignacio Andrade Berti fue recogido herido, con grave cinturonazo en la cabeza, del cual logró curar.

La revolución en su huida atravesó las haciendas de "La Ceiba", propiedad de Don Juan Bosch, y de "El Tiro", perteneciente a los Sayago; cruzó enseguida el río Táchira por el llamado "Paso del Burro", y llegó a Ureña, en Venezuela.

El centro de la ciudad, o la parte encerrada por las barricadas, quedó en escombros por efecto de los tiroteos y los incendios. A partir del 16, las epidemias se desarrollaron con mayor intensidad y extensión, pues los cadáveres hacinados en las fosas de las trincheras, cubiertos apenas con latas de zinc, entraron en descomposición, extendiéndose rápidamente el tifo negra.

El comercio de Cúcuta, que siempre ha sido fuerte e importante como puerto fronterizo, y que ha constituido su riqueza característica, fue perjudicado hondamente, por que constituyó el principal abastecimiento de la revolución en víveres, licores, rancho y telas, a parte de las contribuciones de guerra que obligatoriamente se le impusieron por el general Ruiz.

Fuera de esto sufrió nuevo aniquilamiento a la entrada de los vencedores, pues ya es sabido lo imposible que resulta para los jefes impedir los saqueos por parte de las tropas que, en tales casos, se dispersan y sustraen a las órdenes y vigilancia, para llevar a cabo reprobables abusos.

Piénsese además que durante los 35 días que duró el asedio las fuerzas sitiadoras habían carecido de bebidas alcohólicas, las que ahora estaban a su disposición en almacenes y tiendas, los que fueron desocupados a mano fuerte, no solo para desquitarse de la abstención obligada, sino para resarcirse con el botín de guerra al cual consideraban con derecho en su condición de vencedores.[35]

Transcribimos a continuación el telegrama recibido de Bogotá cuatro días después de terminado el sitio.

35.- *Solano Benítez, Guillermo.—**El bayardo colombiano** — pág. 106-107*

© *Zamor*

"Bogotá, julio 20 de 1900

Señor General Ramón González Valencia

Cúcuta

Día por día y con la mayor ansiedad os he seguido paso a paso en la brillante campaña de Cúcuta. Como yo, la nación entera era presa de la más viva excitación, esperando anhelante la noticia de la rendición de Cúcuta que ayer tuve la satisfacción de comunicar a los cuatro vientos.

Reconozco complacido, y así tengo el gusto de manifestároslo, que vuestras disposiciones siempre acertadas y vuestra incansable actividad, fueron el factor en el espléndido resultado obtenido.

Así lo ha manifestado a este Ministerio el valeroso cuanto modesto general Pinzón, vuestro digno amigo. Os envío, pues, mis entusiastas felicitaciones y doy gracias al Todo Poderoso por haberos sacado ileso en tantos días de sangrientas y porfiadas luchas.

Manuel Casabianca

Ministro de Guerra. "[36]

36.-(Manuel Casabianca ocupó este Ministerio durante el mando del Dr. Manuel Antonio Sanclemente, del 12 de mayo al 31 de julio de 1900)
*Solano Benítez, Guillermo.—**El bayardo colombiano.** — pág. 108*

IV.- EPÍLOGO

Después del sitio de Cúcuta la guerra se prolongó a lo largo de dos años más. Quince días después de la huida de las tropas revolucionarias, se daba en Bogotá un golpe de Estado por los partidarios de Marroquín, quienes consideraban que la duración de la guerra obedecía a la incapacidad del Doctor Sanclemente, siempre enfermo y sin poder despachar en la capital por su estado de salud.

El general Manuel Casabianca, Ministro de guerra y nacionalista, nombró como jefe de un batallón acantonado en Soacha al general Jorge Moya Vásquez, histórico connotado. Este, en connivencia con otros jefes de su partido, se vino a la capital, en donde al mismo tiempo un batallón cívico se apoderaba del palacio de San Carlos (Residencia presidencial de la época) y se daba el golpe el 31 de julio de 1900.

Marroquín, presionado por los conjurados, se hizo cargo del poder, con lo cual se creyó que terminaría la guerra, pues el liberalismo simpatizaba con este gobernante por sus actuaciones anteriores.

Este golpe de Estado ha sido muy criticado, pero el hecho es que, de acuerdo a la Constitución, el vicepresidente podía asumir el mando por su propia cuenta, tanto más cuanto el mismo estatuto prohibía al titular ejercer el mando fuera de la capital.

El nuevo mandatario dictó un derecho de amnistía el 12 de julio de 1902 por el cual ofrecía amplias garantías a los que depusiesen las armas, excepto aquellos que estuviesen convictos de delitos comunes. Debido al nombramiento que el Doctor Marroquín hizo en el general Arístides Fernández como Ministro de guerra, se llenaron de recelos los liberales y acentuaron las manifestaciones bélicas.

En los nuevos enfrentamientos, el general Uribe perdió una batalla cerca a la ciénaga de Santa Marta, y el general Juan B. Tovar logró entenderse con él para celebrar un tratado de paz el 24 de octubre de 1902; el general González Valencia hizo lo mismo en Chinácota con otros jefes liberales, y viene como epílogo de esta tragedia, el célebre tratado de Wisconsin el 21 de noviembre de 1902, entre los generales Nicolás Perdomo, a nombre del gobierno, y Benjamín Herrera, a nombre de la revolución.

En este pacto los dos partidos se dan la mano, con lo que ya el 10 de junio de 1903 el gobierno pudo levantar el estado de sitio. El 3 de noviembre de 1903, Panamá se separaba definitivamente de Colombia.

BIBLIOGRAFÍA.

Arboleda Cortés, Henrique.— *Batalla de palonegro.*— Bogotá. Imprenta de Luis M Holguin, Mayo 25 de 1901

Durán, Justo L.— *La revolución del 99.*— Cúcuta, Talleres Imprenta "El día", 1920

García, Hermes.— *Estigma liberal*, Maracaibo (Venezuela). Imp. Americana, 1902, 31 páginas.

Martínez Landínez. Jorge— *Historia militar de Colombia*.— Bogotá. Editonal Iqueima,Tomo 1. 1956

Sánchez, Teodosio.— *Guerra de colombia 1899-1900*.

Solano Benítez, Guillermo.—*El bayardo colombiano*. — Talleres dela escuela media de artes y oficios de Puente Nacional, I953.

El autor

ZAMOR, Guillerm

Nació en Cúcuta, Departamento Norte de Santander, Colombia, en el año de 1951.

Licenciado en Filosofía y Letras con especialización en Historia de la Universidad Javeriana,.Posterormente obtiene el postgrado de Literatura en la Universidad de la Sorbona, París IV, con mención de Excelencia (1975) Un DEA en la misma Universidad. Inscricción a Doctorado de tercer ciclo en la Sorbona París IV. Luego una Licenciatura en Historia del Arte en la Universidad de Grenoble.

Se consagra en 1976 en París a la pintura y la escultura. Publica los siguientes temas científicos en la Revista Universitas Humanística (Bogotá, Editorial Guadalupe)(1971-1973) y a partir de 2013 otros libros escritos en francés desde 1975 en "Ediciones ® Zamor",

1. Elementos decorativos del Arte Muisca en los volantes de huso.
Revista Universitas Humanística N° 2. 1971
(Bogotá, Editorial Guadalupe) 60 páginas

2. Ordenanzas del Señor Doctor Antonio González y del Señor Miguel de Ibarra
Revista Universitas Humanística N° 3. 1972
(Bogotá, Editorial Guadalupe) 20 páginas.

3. Catálogo de documentos existentes en el Archivo Histórico Nacional para el período 1564-1580, período de los Presidentes Togados Venero de Leiva, Francisco Briceño, Cortés de Mesa y Lope Díaz Aux de Armendáriz
Revista Universitas Humanística N° 3. 1972
(Bogotá, Editorial Guadalupe) 80 páginas.

4. Catálogo de documentos existentes en el archivo Histórico Nacional para el período 1580 -1597, período de los Presidentes Togados Juan Bautista Monzón y Antonio González.
Revista Universitas Humanística N° 4. 1972
(Bogotá, Editorial Guadalupe) 110 páginas).

5. Catálogo de documentos existentes en el Archivo Histórico Nacional e el período 1597-1605, período del Presidente Francisco de Sandez y de la Real Audiencia
Revista Universitas Humanística N° 5-6. 1973
(Bogotá, Editorial Guadalupe) 90 páginas

6. *Las Encomiendas en el Nuevo Reino de Granada durante el período presidencial del Doctor Antonio González*
Revista Universitas Humanística N° 5-6. 1973
(Bogotá, Editorial Guadalupe) 110 páginas

7. *El sitio de Cúcuta*
Publicado por el Instituto de Cultura y Bellas Artes de Cúcuta
(Cuaderno N° 1, 1974, vol.3, 50 páginas)
Segunda edición 2016
 Publicado por.*Editions ® Zamor,*
www.zamor.fr, 50 páginas,

8. *Cuentos de Agua Clara*
Escrito en París, 1974-76-Colombia 2015,
Publicado por.*Editions ® Zamor,*
www.zamor.fr, 214 páginas,
lengua original: español

9. *La violencia en Colombia a través de la literatura (en tres novelas).*
Escrito en París, 1975,
Publicado por.*Editions ® Zamor,*
www.zamor.fr, 296 páginas, 2016
lengua original: español

10.*Le Quêteur d'âmes*
Escrito en Ardèche, Francia 1999.
Publicado por.Editions ® Zamor, 2013
www.zamor.fr, 664 páginas,
lengua original: francés

11. *A l'Ombre de Manguiers*
Escrito en Grenoble 2002.
Publicado por.*Editions ® Zamor, 2013*

www.zamor.fr, 286 páginas,
lengua original: francés

12. L'être Sensible
Escrito en Villa de Leyva, Colombia, 2013.
Publicado por.Editions ® Zamor,
www.zamor.fr, 204 páginas, 2013
lengua original: francés

13. A la recherche de ma Complétude
Escrito en Villa de Leyva, Colombia, 2014
Publicado por.Editions ® Zamor,
www.zamor.fr, 200 páginas, 2014
lengua original: francés

14. Le miracle des sens
Escrito en Villa de Leyva, Colombia, 2015
Publicado por.Editions ® Zamor,
www.zamor.fr, 230 páginas, 2015
lengua original: francés

Z amor se
escribe
con

Ediciones ® Zamor
Se terminó de imprimir
en Lulu.com
2016